PROCURAM-SE SUPER-HERÓIS

Bel Pesce

PROCURAM-SE SUPER-HERÓIS

Multiplique seus poderes e desenvolva habilidades

LeYa

Diretor editorial: Pascoal Soto
Editora executiva: Maria João Costa
Editora Assistente: Denise Schittine
Assessora Editorial: Raquel Maldonado
Preparação e revisão: Mariana Oliveira
Diagramação: Ideias com Peso
Designer de capa: Ideias com Peso
Diretor de produção gráfica: Marcos Rocha
Gerente de produção gráfica: Fábio Menezes

Dados Internacionais de Catalogação na Publicação (CIP)
Angélica Ilacqua CRB-8/7057

Pesce, Bel
Procuram-se super-heróis : multiplique seus poderes e desenvolva habilidades / Bel Pesce. – Rio de Janeiro : LeYa, 2013.
104 p. : il.
ISBN 978-85-8044-660-9

1. Empreendedorismo 2. Inovação 3. Ideias I. Título

13-0366 CDD 658.421

Índices para catálogo sistemático:
1. Empreendedorismo

2013

TEXTO EDITORES LTDA.
[Uma editora do Grupo Leya]
Rua Desembargador Paulo Passaláqua, 86
01248-010 – Pacaembu – São Paulo – SP – Brasil
www.leya.com.br

Para Alexandre Oliveira, meu melhor amigo
e quem me ensinou que super-heróis podem
ter um coração 100% bom.

AGRADECIMENTOS

Esse livro fala das pequenas e grandes habilidades que fazem com que cresçamos a cada dia. Na grande maioria dos casos, não melhoramos só por nós mesmos, mas o processo de crescimento pessoal vem aliado a saber se relacionar com os outros, se divertir com os outros e aprender com os outros.

Gostaria de agradecer a cada pessoa que já passou pela minha vida e que, de uma forma ou de outra, contribuiu para que eu me tornasse uma pessoa melhor. A lista é extensa, muito extensa, e quero que todos se sintam contemplados.

Obrigada àqueles que tiveram um papel essencial em me passar os melhores valores, meus pais, minha família. Se teve algo que nunca faltou na minha infância foi amor.

Obrigada aos grandes amigos, alguns que conheci quando tinha dois anos, outros aos 24 anos, embora sinta que todos nós nascemos nos conhecendo. Todas as noites em claro conversando, todos os passeios, todos os papos, todas as viagens: cada minuto com vocês me faz lembrar de como sou feliz por tê-los em minha vida.

Obrigada aos meus mentores. Ao Edmilson Mota, que me contou que o MIT aceitava brasileiros e que me ofereceu um dos meus primeiros empregos e que abraçou a FazINOVA, minha nova escola, de uma maneira linda. Ao Flávio Augusto da Silva, por ter acreditado em mim desde a primeira vez que conversamos e por me proporcionar uma aula de conhecimento a cada nova conversa. Ao Reinaldo Normand, mentor e também um dos meus melhores amigos, uma das pessoas mais inteligentes e verdadeiras que já conheci, sempre disponível para dar conselhos extremamente pertinentes.

Obrigada às pessoas que conheci mais brevemente, aquelas com as quais bati um papo apenas, ou fiz uma reunião. Também aprendi muito com vocês.

Obrigada àqueles que apenas trocaram um "bom-dia", um "oi", ou um sorriso comigo. Às vezes isso é tudo de que precisamos para colorir um dia.

Obrigada aos que leram e deram opiniões sobre o livro. Alexandre Oliveira e Amit Garg, vocês são muito especiais para mim. Hugo Barra, saber que você aceitou o convite para abrir o livro com um texto seu me deixou radiante. Você é um dos maiores exemplos que sigo: uma pessoa muito boa, com um coração gigante, mas também com muita execução e visão. Ter você na minha vida é um presente.

Obrigada a toda equipe LeYa por tornar esse projeto uma realidade. Denise Schittine, Raquel Maldonado, Mariana Ferro, Luís Alegre e Maria João Carvalho. Obrigada também a Ideias com Peso, responsável pelo design do livro.

E um agradecimento final a alguém que no último ano conquistou meu coração por ser uma pessoa maravilhosa. Maria João Costa, obrigada não só por ser a melhor editora que eu poderia sonhar ter, mas por se tornar uma grande amiga presente em momentos tão essenciais.

Muito do que vivemos é resultado daqueles com quem dividimos nossas experiências. Se amo tanto a vida, podem ter certeza que vocês têm crédito nisso!

Sumário

Prefácio

PROCURAM-SE SUPER-HERÓIS

Minha super-heroína de carne e osso

Durante os meus cinco anos como estudante de faculdade e mestrado no MIT – o Massachusetts Institute of Technology –, conheci muita gente brilhante que realmente me inspirou a pensar muito mais alto, ver o mundo de forma diferente, procurar novos e grandes desafios e sempre tentar buscar excelência em tudo o que faço. Mas foi somente alguns anos mais tarde que fui conhecer uma das pessoas mais incríveis de todas as que encontrei na minha jornada pelos corredores do MIT.

Passaram-se precisamente onze anos entre a minha formatura da faculdade e o dia em que conheci a Bel, em Julho de 2011. Nos falamos primeiro pelo Facebook, depois que um amigo de Belo Horizonte me mandou um link para uma reportagem de televisão com uma empreendedora brasileira no Vale do Silício formada pelo MIT – uma tal de Bel Pesce – que eu ainda não conhecia. Iniciei o contato e ela respondeu imediatamente. Depois de trocar algumas mensagens de uma ou duas linhas, marcamos de nos encontrar em plena quarta-feira às 7 da manhã no Coupa Café em Palo Alto, reduto de estudantes de Stanford e empreendedores do Vale, onde os preços no cardápio aparecem em dólares e também em "bitcoins". Achei meio estranha a ideia de marcar uma reunião tão cedo – algo que nunca me havia acontecido no Vale –, mas como era o único horário disponível na agenda da Bel naquela manhã e como eu acordaria cedo de qualquer forma, achei ótimo.

Logo de cara, e com a maior naturalidade, a Bel contou que tinha ido dormir às quatro da manhã na noite anterior porque estava "trabalhando em algumas ideias", e que isso era mesmo a rotina dela. Aprendi também sobre as pessoas fantásticas que ela conhecia no Vale e os estágios e empregos divertidíssimos que ela teve desde que se formou no MIT, onde, por sinal, chegou a fazer 13 matérias em um semestre – o máximo que eu tinha ousado fazer nos meus anos de faculdade foi 6 matérias, e com muito sofrimento!

Esse foi o primeiro de muitos episódios surpreendentemente fascinantes que passei com a Bel. Foram vários encontros e papos até que eu conseguisse realmente entender que, apesar do traje de super-heroína e de um cérebro brilhante operando sempre em ultra-alta-frequência, a chave de todo o sucesso precoce dessa paulistana de 25 anos é uma simples combinação de dois fatores – um elevadíssimo grau de inteligência emocional (o que alguns chamam de Q.E.) e uma série de métodos básicos, porém muito poderosos, de relacionamento humano. Esses são o que eu considero os "superpoderes" da Bel.

Um dos primeiros superpoderes que eu notei é a habilidade inacreditável que ela tem de fazer as pessoas se sentirem o centro do mundo – o que sempre acontece comigo nas nossas conversas. Na primeira fase da conversa, ela demonstra um interesse legítimo por tudo que você diz, escutando tão atentamente que parece até estar memorizando as suas palavras uma a uma. Na segunda fase, vem uma enxurrada de perguntas entusiasmadas – ela simplesmente adora mergulhar profundamente em qualquer tema. Na terceira fase, a Bel olha para você e pergunta – "o que é que você aprendeu com essa experiência?" – o que invariavelmente te pega de surpresa e te faz pensar muito, às vezes por vários dias. Por fim, prepare-se para receber e-mails dela a cada duas ou três semanas com observações, dicas, ou links sobre temas relacionados àquela conversa.

Dando sequência ao seu primeiro livro *Menina do Vale* – que conta histórias de empreendedorismo e oferece ótimas dicas para jovens empresários –, em *Procuram-se Super-Heróis*, Bel fala desses superpoderes de relacionamento humano que ela desenvolveu nos últimos anos, muitos dos quais já eternizados em seu *Caderninho da Bel* no YouTube.

Se você ainda não tem o seu super-herói (ou super-heroína), está prestes a conhecer a minha... E mais do que uma super-heroína, Bel é uma super-humana e uma superamiga.

Boa leitura!

Hugo Barra
Vice-Presidente do Android, Google
Turma de 2000 do Massachusetts Institute of Technology

HORA DE COLOCAR SEUS SUPERPODERES EM USO!

Pegue sua capa mágica e seus óculos de visão superafiada. Hoje é dia de ser super-herói. E se prepare para não guardar mais esses apetrechos! Porque amanhã e todos os outros dias também serão dias de ser super-herói.

Eu ando pelas ruas e vejo um mundo diferente: vejo pessoas que têm superpoderes e mais superpoderes, e muitas vezes nem sabem disso. Pessoas que fazem os outros se sentirem queridos, úteis e importantes. Pessoas que dão bons exemplos. Pessoas que escutam e falam com entusiasmo. Pessoas que sabem criar ambientes de trabalho que permitem a outros fazerem o melhor trabalho de suas vidas. Pessoas que pedem desculpas e perdoam. Pessoas que fazem boas perguntas. Pessoas que não julgam nem têm inveja ou preconceito. Pessoas que veem as coisas pelo lado positivo. Pessoas que criam situações em que todo mundo ganha. Pessoas que sempre querem se conhecer melhor.

Nas últimas décadas, aprendi que essas são as grandes habilidades da vida. Olhei para trás e observei quais as coisas que trouxeram grande felicidade para mim, que me abriram portas e ao mesmo tempo fizeram com que me tornasse uma pessoa melhor, mais completa, mais realizada. A boa novidade é que a maioria dessas coisas vêm com habilidades que já temos como parte de nós, basta aguçá-las e lembrar de usá-las no nosso dia a dia.

Diante disso, resolvi criar uma escola que desenvolvesse exatamente essas habilidades tão importantes que não aprendemos na sala de aula. Assim nasceu a FazINOVA. E como parte desse projeto, nasceu este livro. Aqui procuro mostrar para vocês desde pequenas dicas que me ajudaram a descobrir pessoas que acabaram virando meus melhores amigos até grandes dicas que carrego comigo a toda hora para sempre crescer, tanto na vida pessoal quanto na profissional. Essas dicas fizeram toda a diferença na minha vida e espero que sejam úteis a vocês também.

Hora de multiplicar e intensificar os seus poderes e habilidades! O mundo não é movido por super-heróis inalcançáveis. Ele é movido por vocês, super-heróis de carne e osso.

Bel Pesce
11 de abril de 2013

Conheça a você mesmo

Todos os dias somos bombardeados com mensagens sobre o que é certo e o que é errado, quais profissões seguir, sobre como devemos nos comportar e muito mais. E, às vezes, esquecemos de algo extremamente básico: a vida é um presente e somos nós quem decidimos como usar esse presente. Como gastamos nosso tempo é uma decisão que fazemos a cada dia.

Uma das coisas mais importantes, mas que frequentemente fica em segundo plano, é usar nosso dia a dia para nos conhecermos melhor. Se não sabemos o que nos agrada, se não sabemos o que admiramos e do que não gostamos, como podemos entender o que nos faz feliz? E se não sabemos isso, como podemos viver a vida de uma maneira agradável e divertida para nós mesmos e para aqueles que convivem conosco?

Eu acho extremamente relevante usar toda e qualquer oportunidade para aprender mais sobre você mesmo. Valorizar o que você sente, seguir adiante com aquilo que é realmente o seu propósito. Não tenha medo de ignorar modismos e a opinião da maioria. A sua vida é um livro cujo autor principal deve ser você, a pessoa que terá o maior carinho do mundo em escrever cada página.

Tão importante quanto entender o que te faz seguir em frente é entender o que te paralisa. A grande maioria dos limites desse mundo é psicológica. Se você se conhecer bem, poderá cruzar essas barreiras com muito mais facilidade e multiplicará as oportunidades de descobrir o que realmente te faz bem. Se algo te faz infeliz, saiba quando parar. Persistência é maravilhoso, mas persistir em sentir infelicidade não é.

Os limites podem não ser apenas psicológicos. Talvez haja uma limitação física ou uma financeira. Determinação e iniciativa são duas das coisas que mais me ajudaram na vida, mas eu sempre corri riscos calculados. É muito importante entender quais opções são possíveis e também qual o plano caso algumas coisas não deem certo. Tudo dentro do seu perfil de risco. Se suas decisões estão fazendo com que você não consiga dormir à noite de preocupação, talvez seja hora de rever algumas.

Por último, há sempre duas coisas que penso quando estou tentando me conhecer melhor (e as respostas podem ser distintas em momentos diferentes). A primeira coisa é: se eu não tivesse absolutamente nenhuma restrição, o que eu gostaria de estar fazendo agora? E a segunda é: se eu não estivesse fazendo o que estou fazendo agora, como eu poderia estar usando o meu tempo?

Essas perguntas me ajudam a entender se estou realizada com o que estou fazendo nesse momento e, no caso de não estar completamente satisfeita, me ajudam a ter ideias de qual pode ser o próximo passo. E então podemos usar cada passo para nos conhecer ainda melhor, e dar os passos seguintes cada vez mais acertados.

É ótimo ter valores fortes e saber bem o que quer e não quer para a sua vida. Há coisas com que você não concorda que seriam motivo para crítica quando você as visse em outras pessoas. Mas, antes de criticar qualquer outra pessoa, aproveite para humildemente analisar se você também faz essa mesma coisa com a qual não concorda. Podemos estar tomando muitas das atitudes que criticamos nos outros sem perceber.

Crie desafios

Desde pequena, eu sempre gostei de jogar video games. Aquela sensação de passar de fase. Aquele gostinho de conseguir melhorar, tentativa atrás de tentativa, até completar os níveis mais desafiadores. Desafio e diversão se tornavam sinônimos.

E eu aprendi que essa estratégia funciona para minha vida também. Constantemente transformo metas em jogos. Responder a tantos e-mails em uma hora, ler um determinado livro no fim de semana, escrever um artigo antes do final do dia. Eu crio esses desafios e, de repente, algo que poderia ser assustador se torna delicioso. Às vezes eu até estabeleço minirrecompensas para mim mesma caso complete o desafio. Claro, o prêmio maior é atingir a meta, mas um saquinho de pães de queijo logo depois que terminar a tarefa ajuda qualquer um!

Não transformo apenas coisas do meu dia a dia em desafios, mas também projetos que faço com amigos e colegas de trabalho. Tem inúmeras coisas sobre as quais eu gostaria de saber mais: música, esportes, culinária. Aprender com amigos faz com que o pulo para fora da zona de conforto seja muito mais natural. O desafio de começar uma banda, de começar um clube da corrida ou de cozinhar jantares é muito mais divertido quando feito com pessoas queridas.

Há uma linha muito tênue entre fazermos o menor esforço necessário e surpreendermos a todos com a nossa iniciativa. Cada trabalho, cada projeto, cada conversa exige algo de nós. Mas por que fazer apenas aquilo que é exigido, porque ficar na média? Ou, pior ainda, abaixo da média? Criar desafios cada vez mais ambiciosos, mesmo que eles aumentem a sua dificuldade pouco a pouco, pode fazer milagres com o nosso referencial.

Eu estudei em uma faculdade na qual as pessoas faziam, em média, quatro matérias por semestre. Isso era considerado o normal, então praticamente todo mundo fazia isso. Poucas pessoas questionam como o normal virou normal, e se o normal é também o melhor para elas. Eu estava superinteressada em aprender várias coisas e por mim faria mais matérias. O que resolvi fazer? A cada semestre, tentava subir o número total de matérias incluindo um ou dois cursos. Pouco a pouco, fui reparando que eu dava conta de mais matérias. Quando vi, terminei o último semestre com treze matérias. Ir de quatro a treze disciplinas parece impossível, mas feito de maneira gradual se torna muito mais alcançável. E isso não é algo que se aplica para mim apenas: tenho certeza que muitas pessoas podiam ter feito o mesmo.

Essa mesma técnica de aumentar pouco a pouco as metas pode ser utilizada em qualquer situação. Pode te ajudar a praticar mais horas no piano por dia, vender mais matrículas de uma escola, correr mais quilômetros ou passar menos tempo no Facebook.

Além de tudo isso, tem algo que me ajuda a completar ainda mais desafios: ter um bom amigo que me mantém focado nas minhas metas. Um exemplo é este livro. Eu compartilho cada capítulo que escrevo com uma amiga assim que termino. Ela oferece opiniões honestas sobre o conteúdo, mas também vibra. É uma maneira de abrir um sorriso bem grande quando eu vejo que aquilo que fiz já está envolvendo alguém e de agradecer profundamente quaisquer críticas que ela tenha sobre cada capítulo.

Todos os dias aparecem coisas na nossa frente que parecem impossíveis. Transformar essas coisas em um grande e divertido jogo, no qual abrimos um sorriso a cada fase completada, pode ser uma bela maneira de provar que algo aparentemente impossível é possível.

A vida é a jornada, não necessariamente a meta final. Nós todos temos metas, e muitas vezes pensamos que a vida só acontece quando chegarmos àquela meta. Mas, na verdade, a sua vida é a jornada em si. Por exemplo, eu sonho em criar uma escola que ensine ferramentas para a vida real. Como parte da escola, quero criar o material, a operação e ministrar as aulas. Todo o processo de criação da escola é a jornada. Outro exemplo: uma equipe precisa entregar um projeto e terá que fazer algumas reuniões para discutir certos pontos antes de finalizá-lo. Algumas pessoas vão às reuniões com pressa, sem foco, e as veem como um mal necessário. Mas, todo aquele tempo que a equipe passa nas reuniões também é tempo de suas vidas.

Esteja presente em cada momento. A vida nada mais é do que uma sequência de momentos.

Mande **mensagens** às pessoas que você **admira**, com boas perguntas ou mostrando como elas mudaram a sua vida. Estude um pouco sobre a vida delas e adicione algum ponto interessante ou relevante para elas na mensagem.

Brigou com alguém e parou de falar com esta pessoa? Deixe o orgulho de lado e vá reiniciar a relação.

Deixe um recadinho para o chef quando você gostar da refeição.

Em um mundo onde e-mail é regra, cartas viraram uma boa surpresa. Pense nas pessoas que fizeram seu mês passado melhor e mande uma carta pelo correio agradecendo.

Se você fizer uma viagem de carro com amigos, grave uma trilha sonora e faça várias cópias do CD. No final da viagem, dê uma cópia para cada amigo.

SARA MARI
RIA JOSUÉ A
ANA VÂNIA RAQ
RAQUEL ANTÔNIO
SIMPATIA
COMPAIXÃO A
ALEGRIA CORDIA
CORDIALIDADE SO
Lidere por meio de exemplos

A cada ação que fazemos, não só influenciamos a nós mesmos, mas também damos um exemplo ao mundo. Para sermos líderes, não precisamos ser chefes. Cada vez menos, liderança está ligada a autoridade. Uma das maneiras mais eficazes de se tornar um bom líder é dando bons exemplos.

Uma pessoa que fala bonito vende uma linda imagem, mas depois se não age conforme o seu discurso e não traz resultados, deixa de ser uma inspiração. Pior ainda, uma pessoa que fala uma coisa, dá lições de moral e depois faz exatamente o contrário, rapidamente destrói a confiança daqueles que estão ao seu redor.

Por outro lado, alguém que mostra boas ações, que influencia positivamente outras pessoas sem esperar nada em troca, pode ser um líder independentemente de qual seja a sua posição. Você quer que os outros não fujam de suas responsabilidades? A melhor maneira é demonstrar que você cumpre as suas. Quer um ambiente leve no emprego? Dê o exemplo ao levar as coisas com leveza. Você quer que as pessoas tenham mais iniciativa? Mostre que você tem iniciativa.

A vida nos dá muitas e muitas chances a cada dia de liderar por meio de nossas ações. O que fazemos e não fazemos demonstra se somos um bom amigo, um bom namorado, um bom irmão, um bom filho, um bom sócio, um bom funcionário. Tocar a vida de outras pessoas positivamente, mesmo que seja de uma só pessoa, já tem um valor imenso.

O poder de liderar por meio de bons exemplos é algo que todos temos, é um poder de super-herói! Porque ele gera uma corrente positiva. Quando mostramos que não somos covardes, que cumprimos nossas promessas e não fugimos das nossas responsabilidades, quando somos transparentes e fazemos as coisas com propósito, fazemos com que mais pessoas façam isso também.

Admiro muito pessoas que misturam execução e propósito. Pessoas que fazem as coisas de bem com a vida, cheias de boas intenções e ao mesmo tempo são firmes e fortes nos seus resultados. Essas pessoas, independentemente de terem qualquer relação formal comigo, acabam sendo líderes para mim, por influenciarem a maneira como eu decido viver os meus dias.

Olhe para o mundo e veja com o que você está insatisfeito. Em vez de apenas reclamar, dê o bom exemplo: faça as coisas do jeito que você gostaria que o mundo as fizesse. E nunca subestime o alcance desse bom exemplo: uma a uma, as pessoas podem ver a beleza dessas ações e também fazê-las. Esse é um dos poderes mais sutis, mas também mais eficazes que existe.

Conheço um grande empresário que, algumas vezes por ano, passa um dia como se fosse um morador de rua. Ele se veste de farrapos e se senta na calçada em frente à empresa dele, de boné e óculos escuros, sem pedir nada a ninguém, apenas falando bom-dia e distribuindo sorrisos. Ele diz que essa é a melhor maneira de conhecer a verdadeira essência dos seus funcionários, de saber quem são aqueles que têm uma atitude positiva em relação à vida e aqueles que criam um bom ambiente de trabalho. Inclusive, ele faz questão de conhecer mais aqueles funcionários que sorriem de volta ou desejam bom-dia.

Mande parabéns para os seus amigos, se possível lembrando alguma coisa que viveram juntos e mencionando que está com saudades.

Peça por mais responsabilidades

Pode ser muito mais divertido encarar um desafio em grupo do que sozinho. Aproveite alguma meta que tem (começar um blog, se exercitar mais, aprender inglês) para estreitar a relação com algum amigo e se divertir fazendo as coisas juntos. Convide-o para embarcar nessa com você.

Imagine que hoje é 2017. Escreva uma carta no futuro, assumindo que todos seus maiores sonhos foram realizados. Onde você está? O que você está fazendo? O que aconteceu nos últimos cinco anos? Quem foram as pessoas que te ajudaram a chegar lá?

Encontre coisas que seus conhecidos gostam de fazer e os acompanhe para realizar coisas novas. Nunca escalou? Nunca foi a um show de samba? Nunca acampou? Tente coisas novas entre boas conversas.

Pense em coisas específicas que você quer aprender. Quando conversar com pessoas, faça perguntas que possam te ajudar a aprender sobre esses pontos. Tem gente que está louca para ensinar.

Faça com que
as pessoas
queiram realizar
o melhor trabalho
de suas vidas

Adoro observar equipes. É interessante ver como algumas trabalham muito bem juntas, enquanto outras parecem não estar se divertindo tanto. Por que alguns grupos conseguem realizar tarefas com extrema velocidade enquanto outros ficam completamente travados? Por que alguns trabalhos saem com enorme qualidade enquanto outros parecem que foram feitos de qualquer jeito?

Algumas das pessoas mais bem-sucedidas dividem o mesmo segredo por trás do sucesso: eles encontram gente muito boa para as suas equipes e conseguem que elas queiram fazer o melhor trabalho de suas vidas. E, em geral, são coisas extremamente simples que levam os funcionários a quererem se dedicar tanto. Fazer com que alguém, seja no trabalho ou na escala pessoal, queira fazer o seu melhor, pode ser mais fácil do que você imagina.

Tudo começa com demonstrações de que você acredita naquela pessoa. Dar espaço para que ela seja criativa e dar autonomia para que ela tenha iniciativa já é um bom começo. Sentir que suas ideias e seus trabalhos podem ser valorizados a ponto de serem implementados e gerarem valor para a empresa faz milagres no quanto alguém está disposto a trabalhar.

Empresas que têm uma cultura de transparência e respeito constantemente geram ambientes nos quais ideias florescem vividamente. Quando os processos são claros e justos, quando todos podem contribuir e ver como os outros estão contribuindo, há muito mais incentivo para que cada pessoa e cada equipe queira participar. E isso não se aplica somente a empresas, mas também a família, a grupo de amigos, a como levamos nossa vida todo dia: respeito e transparência são essenciais.

Além de confiança e respeito, algo que acelera qualquer projeto é trazer entusiasmo para a mesa. Mostrar o valor do que cada um está fazendo, não só nos termos da empresa, mas principalmente de maneira que a pessoa entenda qual o benefício para ela mesma. Isso muda a razão pela qual a pessoa está fazendo aquela tarefa. Saber explicar o valor de um projeto através dos interesses do que importa especificamente para aquele membro da equipe faz toda a diferença. Para que isso aconteça, é necessário que você conheça bem cada pessoa com quem interage.

Em uma equipe que trabalhei, comecei a conhecer a fundo os sonhos e desafios de cada membro. Cada pessoa era extremamente diferente, mas todas tinham um ponto em comum: havia algo que fez com que elas quisessem participar do projeto, e isso poderia ser intensificado para que elas se entusiasmassem ainda mais.

Por exemplo, uma das pessoas da equipe era advogada e tinha sempre trabalhado com contratos. Naquele projeto, entretanto, demos a ela chance de trabalhar com operações gerais da startup, não apenas questões legais. Era esse o grande incentivo para ela: aprender coisas novas, poder tomar decisões em diferentes partes de vários processos, no produto, em coisas que ela nunca tinha participado antes. Por outro lado, um membro da equipe tinha acabado de ter seu primeiro filho. O mais importante para ele era poder estar com sua esposa e filho quando fosse necessário. Organizamos a equipe para que ele pudesse trabalhar de casa em horários flexíveis.

Motivar as pessoas a realizarem o melhor trabalho de suas vidas está completamente ligado a fazer com que elas sintam que seu trabalho pode fazer uma grande diferença. Dê todas as condições e ferramentas para que aqueles que merecem possam sentir isso.

O filho de um amigo desejava muito estudar numa determinada escola, mas havia lista de espera gigante para entrar nessa escola. Meu amigo, então, foi à escola conversar e tentar achar um meio de ajudar o filho, mas realmente não havia vagas. Então ele começou a pensar: "como eu posso agregar valor à escola?" Decidiu, então, ligar para o diretor da escola e se apresentar, explicando que era diretor de tecnologia de uma empresa. Durante a conversa, ele perguntou para o diretor se havia na escola um Comitê de Tecnologia que analisasse as grandes novidades do mercado. O diretor perguntou o que era isso. Então meu amigo explicou que seria um grupo de pessoas que podem oferecer sugestões à escola de como se modernizar e também ensinar os alunos mais sobre tecnologia. O diretor se interessou e perguntou: "Gostei da ideia. O senhor é pai de qual aluno?". Então meu amigo disse: "Queria falar com o senhor sobre isso. Se meu filho puder se inscrever na escola, eu posso montar esse Comitê para você". Abriram uma vaga para o filho do meu amigo.

Faça um pacto com aqueles que ama: mesmo quando tiverem discussões, não irem dormir bravos um com o outro. Resolva os problemas antes de dormir.

Observe quem está fazendo coisas legais e dê crédito às pessoas.

Não seja agressivo ao apontar coisas com que discorda

Tem muitas coisas com as quais a gente discorda. A maneira como lidamos com isso diz muito sobre nós mesmos. Uma vez, eu estava participando de uma reunião e um colega falou algumas coisas que não agradaram o nosso chefe. O chefe perdeu a cabeça e de forma extremamente agressiva repreendeu o nosso colega, que não tinha falado aquelas coisas por mal.

Esse mesmo chefe tinha o hábito de expor erros dos seus funcionários na frente de quem estivesse ali. E, ainda por cima, usava palavras que realmente machucavam e faziam a pessoa se sentir um nada. Tudo isso com o propósito de consertar os erros, mas claramente esse método não surtia os resultados esperados. Pelo contrário, todo mundo se sentia desconfortável.

Mesmo que algo tire você do sério, respire fundo e tome uma atitude muito nobre: estruture a sua resposta com serenidade, com carinho e, principalmente, com o foco em entender porque a pessoa falou ou fez aquilo. Com o propósito de ajudá-la a melhorar. Isso vale para tudo, desde coisas muito simples, como quando alguém comete um erro de português numa frase, até coisas bem extremas como errar todos os números em um relatório que pode decidir o futuro da empresa.

Por causa de grosserias desnecessárias já vi sociedades empresariais desabarem, já vi casamentos terminarem, já vi pais e filhos cortarem relações. E, muitas vezes, isso só aconteceu porque no calor da situação os dois lados ficaram agressivos e ninguém quis dar o braço a torcer.

Não há problema nenhum em discordar, mas há maneiras e maneiras de fazê-lo. Chamar alguém para tomar um café e ter uma conversa honesta normalmente funciona melhor do que simplesmente levantar a voz e desmerecer a opinião da outra pessoa.

E melhor do que criticar assumindo que a sua visão está correta é estar aberto para aceitar que você pode aprender com aquilo que te tirou do sério e talvez até concordar. Aceite as discordâncias de peito aberto. No final, elas podem ser menos divergentes do que você está assumindo.

Não seja teimoso a ponto de ser inflexível em tentar ver o mundo de uma maneira diferente. Tem uma história que gosto muito e ilustra como há outros pontos de vista que podem ser interessantes.

Dois amigos estão conversando sobre abrir lojas de sapatos em lugares muito remotos na África. Eles decidem fazer uma pesquisa de mercado para ver se a oportunidade é boa. Rapidamente, eles descobrem que ninguém usa sapatos lá. Um dos amigos rapidamente conclui: “Não há mercado. Ninguém usa sapatos, ainda bem que verificamos isso”. E daí o outro diz: “Ninguém usa sapatos... esse simples fato já faz valer a pena tentarmos! Há milhões e milhões de pessoas que não usam sapatos e poderiam estar usando!”

Treine seu jogo de cintura quando surgirem conversas cabeludas

- Se alguém estiver carregando muito peso, ofereça ajuda.
- Dê alguma coisa que tem um valor sentimental para você a uma outra pessoa.
- Se você for pegar algo para você, seja uma água ou um café, pergunte se a outra pessoa também quer.
- Encontre alguém que faça coisas diferentes de você e aprenda com ela.

- Sabe muito sobre algum assunto? Crie um blog ou um vlog e compartilhe esse conhecimento.
- Em toda interação, preste atenção para à reação das pessoas.

BP

- Tente memorizar o nome das pessoas e incluir o nome delas na conversa.
- Separe um tempo para longas caminhadas com pessoas de que você gosta.

- Crie uma lista de oportunidades que aparecem no seu dia.
- Observe no dia a dia o que te faz bem.
- Se você não sabe sobre algum tópico, pergunte.

Derrotas fazem parte da vida e esses momentos são uma ótima hora para mostrar dignidade e valor. Veja a derrota como uma oportunidade de aprendizado.

Mostre a alguém cabisbaixo que é possível melhorar. Nada é fácil, mas acreditar é o primeiro passo.

Organize jantares todo mês p apresentar amigos a amigos

Você é melhor com os outros quando está bem consigo mesmo e quando entende o seu propósito. Faça uma lista de sonhos/metas para daqui a uma semana, um mês, meio ano, um ano, cinco anos. Escreva uma nova lista a cada mês e compare as listas. As coisas que estão sempre lá, mês após mês, provavelmente são as coisas que você quer de verdade.

Comece a trabalhar o mais cedo possível.

Se você encontrar alguém que está prestes a fazer algo que você já fez (faculdade, estágio), sente e converse, divida a sua experiência com essa pessoa.

Compre um caderninho e, durante ou no final do dia, anote tudo que aprendeu.

Conheça pelo menos uma pessoa nova por semana. Pode ser no ônibus, em um bar, em jantares, em uma festa, ou até mesmo no escritório.

ocê realmente conhece
e onde veio? Bata mais papos
om os seus pais, aprenda
obre o passado deles,
obre os sonhos que eles tinham
quando eram pequenos,
sobre como se divertiam.

Pense por que fazemos o que fazemos. A escola não deveria servir só para passar no vestibular, mas para aprender a lidar com situações da vida. A faculdade não deveria apenas servir para te dar um diploma, mas realmente te preparar para uma carreira. Cada minuto que passa, você está vivendo parte da sua vida e decidindo como quer viver (e se dará o melhor de si ou não). Por que não aproveitar a vida ao máximo?

DESCONFIANÇA DESTRÓI

Eu gosto de pensar que as pessoas são boas. Mesmo quando tenho dúvidas, assumo que elas são confiáveis até que se prove o contrário. Tanto em situações pessoais quanto profissionais.

Nós últimos anos, vi vários amigos perderem grandes oportunidades por desconfiança. Por exemplo, um amigo meu se apaixonou perdidamente por uma menina. Estava claro para ele que era a mulher da sua vida e eles se amavam de forma recíproca. Mas, de repente, algumas situações pouco claras apareceram e ele começou a criar explicações absurdas para essas situações. No final, em vez de viver o momento, ele ficou preso ao sentimento de desconfiança. E, pouco a pouco, deixou as incertezas crescerem a ponto de o romance terminar.

Claro que é importante observar as pessoas, ficar de olhos abertos para aqueles que não são tão honestos, entender como cada um é. No entanto, deixar de viver por causa de desconfiança sem fundamento também não é a saída. Quando as coisas são boas, muito boas, às vezes pensamos que pode ser bom demais para ser verdade.

A dica é - evite desconfiança. Confie. As coisas que podem ser muito boas podem acabar sumindo por você estar desconfiado e se distanciando. E dessa maneira você pode acabar com as melhores oportunidades da sua vida. Na dúvida, prefira confiar, sempre.

Com a disseminação cada vez maior de vídeos, artigos e outros documentos pela internet, é possível encontrar um mar de informações, muitas delas de altíssimo valor e disponibilizadas gratuitamente. Para entender um pouco mais como os líderes se comportam, eu criei o hábito de, toda semana, escolher alguns vídeos on-line e analisar como diferentes personagens, figuras públicas e líderes respondem e reagem.

Não há segredo: basta assistir aos vídeos criticamente, com atenção para cada ação, cada resposta, cada gesto. E, além disso, parando para pensar os sentimentos que surtem em você aquelas ações e aquelas respostas. O conteúdo já está aí, agora só falta usá-lo para aprender.

Faça a outra pessoa se sentir querida, útil e importante

Vivemos em um mundo tão acelerado que às vezes não temos tempo para nós mesmos. Ou tempo para dar aos outros a atenção que eles merecem. Uma das coisas mais importantes que aprendi é que a vida não é feita apenas das metas e sonhos que temos, mas é principalmente a jornada que vivemos em busca desses objetivos. Muitas vezes pensamos que quando alcançarmos tal objetivo, a vida começará. Mas a verdade é que ela é o caminho até aquele objetivo, independentemente se vamos alcançá-lo ou não. E essa jornada nós dividimos com muita gente.

Interagimos com pessoas em diversas situações e, às vezes, pelo desespero em fazer tudo que precisamos fazer, esquecemos de que as pessoas são o componente mais importante desse mundo. O mundo se move porque as pessoas se movem. Se alguém está dedicando tempo a você, faça essa pessoa se sentir reconhecida.

Uma vez eu estava viajando a Porto Alegre, e na hora do pouso, o piloto anunciou: "Esse não foi o pouso mais agradável que vocês já experimentaram?" Realmente tinha sido ótimo o pouso. E daí ele continuou: "Esse é o primeiro pouso da nossa copilota Roberta. Vamos todos bater uma salva de palmas a ela, que tem uma carreira brilhante a sua frente". Algo tão simples, tão verdadeiro, mas ao mesmo tempo tão encorajador. Aposto que a jovem pilota lembrará sempre desse primeiro pouso com uma alegria gigante.

Deveríamos sempre dar crédito às devidas pessoas que fizeram algo que mereça reconhecimento. Não há melhor maneira de criar o hábito de fazer um trabalho bem-feito do que reconhecê-lo. Mas fazer a pessoa se sentir bem não se aplica apenas quando trabalhamos com ela e ela realizou um bom trabalho. Pode ser aplicado a qualquer momento.

Toda vez que falo com alguém, tento aprender um pouquinho sobre a sua história de vida, o seu passado, sobre o que gosta e o que precisa. Tento conversar sobre tópicos que sejam interessantes para esta pessoa. Aquele almoço que você está tendo, aquela reunião, aquela ligação: são momentos tanto da sua vida quanto da das outras pessoas que estão com você. Por que não usar esse tempo para conhecê-las genuinamente?

Se alguém pensou em você ou fez algo que te influenciou positivamente, faça com que essa pessoa saiba da sua alegria. Pode ser porque ela te mandou um artigo que você gostou, te apresentou a alguém interessante, te fez sorrir por uma coisa qualquer. Mostre a ela o quanto contribuiu para a sua vida. Muitas vezes as pessoas não têm ideia de como contribuíram para algo. E, se você pode oferecer esse feedback, seja no âmbito pessoal ou profissional, é um ótimo jeito de agradecer à pessoa.

Vira e mexe alguém faz algo que melhora o nosso dia ou é generoso ao nos dispor o seu tempo ou atenção. Não deixe a correria fazer com que esse alguém não sinta que fez a diferença no seu dia. Sempre que possível, faça as pessoas se sentirem queridas, úteis e importantes.

Enquanto desaprovações podem causar grande tristeza, encorajamentos podem causar milagres. Eu tenho uma amiga que realmente não ia bem em ciências exatas, mas amava computadores e queria aprender a programar. Mas ela não conseguia se concentrar, achava aquilo um bicho de sete cabeças. Até que cada progresso que ela fazia, nós, amigos, decidimos celebrar e encorajá-la a se superar ainda mais. Saber que acreditávamos nela e que tínhamos muito orgulho da maneira como estava crescendo a fez acreditar cada vez mais que o seu bloqueio era apenas psicológico. Ela acabou se tornando uma das melhores programadoras que já conheci! Impressionante como pequenas coisas como algumas palavras e demonstrações de apoio e alegria podem mudar uma vida para sempre!

Perdoe

Todo mundo erra. Algumas vezes machucamos alguém. Outras vezes, somos nós os machucados. Quando isso acontece, podemos acabar travando e só conseguindo lembrar da dor que nos fizeram sentir. Focar nessa dor faz com que cada vez seja mais difícil esquecer o incidente. Isso sem contar o tempo que gastamos sofrendo e às vezes até inventando teorias lunáticas para justificar uma desconfiança eterna em relação a quem nos machucou.

Por outro lado, há toda uma vida pela frente. Eu prefiro perdoar e dar uma segunda chance à pessoa do que perdê-la, especialmente se ela estiver realmente arrependida. Sempre é tempo de recomeçar. Algo que ajuda muito a perdoar é pensar nas vezes em que você errou e que não foram por mal, e tentar ver as coisas por esse ângulo, imaginando que a outra pessoa também não tinha más intenções.

Isso também se aplica a falhas menores. Por exemplo, um funcionário se atrasou para uma reunião importante. Em vez de brigar e assumir que ele fez isso por mal, perdoe, especialmente se ele estiver chateado pelo erro e tiver pedido desculpas. Mencione que esperava que ele chegasse na hora, mas explique que o erro não foi fatal, e confia que na próxima vez isso não irá acontecer. Ao mostrar confiança nela, você gera uma boa reputação para a pessoa, e ela provavelmente gostará de provar que merece essa reputação.

Vivi alguns anos no Vale do Silício, onde errar é visto como parte do aprendizado. Claro, se for possível evitar os erros, melhor. Mas pessoas que usam pequenos erros para testar o que funciona e o que não funciona, e com isso aprimorar cada vez mais os procedimentos, são vistas com muito valor no Vale do Silício. E, quando o erro é pequeno e se dá uma segunda chance às pessoas, e elas provam que mereceram aquele perdão, o sentimento é delicioso.

Por outro lado, quando alguém perdoar você, use bem essa segunda chance. Identifique por que você errou, como poderia ter evitado o erro e o que aquilo diz sobre você. E aproveite para melhorar como pessoa. Não apenas tente evitar repetir aquele erro específico, mas foque em melhorar como um todo e também previna-se de várias outras ações que poderiam machucar outras pessoas. Todo erro é realmente uma lição. E todo perdão é uma chance de provar que a lição foi aprendida.

Algumas relações que temos podem ser muito, muito fortes. A relação com nossos pais, com nossos filhos, com nossos chefes e com nossos namorados é sempre muito importante. Toda relação tem seus altos e baixos e, dependendo do peso que você der aos baixos, você pode danificá-la para sempre. O passado pesa, mas quando chega a um ponto em que destrói tudo o que virá depois, é um pouco preocupante. É natural que se uma pessoa não é agradável com frequência, ou te machuca constantemente, você se prepara psicologicamente para que da próxima vez que for ver essa pessoa, o encontro será novamente chato. Você assume que será ruim e já chega pronto para se proteger. Eu acho essas situações terríveis. O que gosto de fazer é conversar e dar uma chance para clarificar o passado e discutir o que é preciso para melhorar no futuro.

Fale e escute com entusiasmo

Se eu pudesse escolher as dez palavras mais importantes na minha vida, duas delas seriam **entusiasmo** e **contagiar**. É impressionante como explicar algo com entusiasmo genuíno pode contagiar a todos ao nosso redor. A cada vez que conversamos com alguém, estamos mostrando um pouquinho da nossa história, um pouquinho do que vivemos ou do que acreditamos. Quando o fazemos com empolgação, com brilho nos olhos, fica claro que temos muita paixão por aquilo que estamos fazendo. Isso desperta o interesse das pessoas.

No ano de 2012, eu fiz um experimento que acabou tomando grandes proporções. Percebi que tinha aprendido coisas extremamente simples, tão simples que eu assumia que sempre as soubera, mas que acabaram moldando quem eu sou e influenciando toda minha vida. O experimento que queria fazer era testar se essas mesmas coisas podiam influenciar outras vidas positivamente também. Peguei esses aprendizados e juntei-os, com muito entusiasmo, em um livro, *A Menina do Vale*, que primeiro lancei on-line depois por uma editora.

Se eu não tivesse demonstrado o quanto eu valorizava aqueles ensinamentos e se eu não tivesse deixado muito claro que meu coração estava alinhado com o projeto, ele não teria acontecido. O fato de eu acreditar no projeto fez com que outras pessoas confiassem nele. De amigos que revisaram os capítulos a mentores que ofereceram ajuda, de artistas que fizeram as lindas ilustrações a formadores de opinião que divulgaram o projeto. Tudo isso só foi possível porque eu falava do projeto com muito amor e muita energia.

O lançamento foi muito simples: tudo começou com um link na minha página do Facebook. Mas rapidamente o link já tinha chegado a centenas de milhares de pessoas. Não levou dois meses para que um milhão de pessoas tivesse lido o livro.

O projeto todo foi feito nas horas vagas, mas com muito carinho. Eu procurei as melhores partes do meu mundo e as compartilhei com as pessoas. E aprendi que sempre tem alguém interessado em ouvir aquilo que você quer dividir. Não interessa qual seja o assunto sobre o qual você entende. Eu te garanto: tem alguém que adoraria aprender o que você tem a ensinar, então compartilhe se possível.

Se falar com entusiasmo pode ser decisivo no resultado de um projeto, escutar com entusiasmo também pode. Demonstrar grande interesse no que a pessoa está falando, oferecer comentários, fazer perguntas pontuais e certeiras, explicar como aquela ideia pode influenciar outras pessoas, tudo isso pode fazer com que algo realmente siga adiante. No caso do meu livro, recebi diversos comentários de leitores. Pessoas de oito a noventa anos me enviaram mensagens. Esse entusiasmo também contagia e forma um ciclo superpositivo: ver que há pessoas esperando por mais resultados faz com que eu queira trabalhar ainda mais pelos próximos projetos.

Por outro lado, eu já vi iniciativas morrerem porque quem as estava executando não passava confiança. Às vezes, a ideia é muito boa, mas falar dela sem nenhuma paixão pode fazer com que ninguém acredite naquele projeto. Passamos grande parte do dia falando ou escutando. Use cada oportunidade para ajudar projetos (seus e dos outros) a seguirem adiante.

Uma vez, um amigo meu foi todo animado propor algo para seu chefe. Ele tinha uma ideia de um produto novo que poderia trazer grande retorno para a empresa. Quando ele foi apresentar a ideia, o chefe não estava em um bom dia. Ele não ouviu com tanta atenção, mostrou-se impaciente, balançando as pernas, e algumas vezes até levantou a voz. Meu amigo ficou triste, assumiu que o chefe não tinha gostado da ideia e resolveu partir para tentar criar o produto sozinho. O produto acabou sendo um grande sucesso, e o chefe depois percebeu que nem ouviu direito o que o funcionário havia falado. Por mais cansado que você esteja, mesmo que o seu dia não tenha sido fácil, procure estar presente no momento, escute, seja gentil. Se você acha que isso não será possível, remarque o encontro. Se algo acontecer apenas pelo fato da pessoa se sentir ignorada é melhor que não aconteça.

Gosta muito de algo, talvez de desenhar ou de ler? Comece um clube do desenho, da leitura ou do que goste.

Use cada conversa para aprender a se comunicar com mais clareza.

MANTENHA OS SEUS CONTATOS ORGANIZADOS.

Quando encontrar pessoas novas, peça um cartão para poder entrar em contato no futuro.

Ajude os outros a crescerem sem querer nada em troca.

- Mande cartões de fim de ano.

- Sempre que for a algum evento, tenha o compromisso de conhecer e manter contato com pelo menos uma pessoa que conheceu lá.

- Convide pessoas para almoçar ou para tomar café da manhã com você. Todo dia há várias oportunidades de conhecer o trabalho de outras pessoas.

- Chegando de uma reunião/jantar, anote sobre o que vocês falaram. Se era sobre aprender italiano, mande uma mensagem aqui e ali atualizando sobre o que você aprendeu. Se era sobre viagens, mande sugestões. Se era sobre trabalho, de tempo em tempo pergunte como estão indo os projetos da pessoa.

Faça perguntas

Perguntas são multiuso. Podem ser usadas para começar conversas, para fazer com que as pessoas pensem mais sobre certos assuntos, para ensinar, para pedir uma opinião e para muitas outras coisas. É uma das ferramentas mais poderosas à qual todos nós temos acesso.

Perguntas também são mágicas. Com elas, você pode pouco a pouco ir desvendando cada vez mais novas informações, novas histórias, novos conhecimentos. É como se a cada dia pudéssemos ler livros, assistir a filmes, ir a várias aulas, tudo isso por meio de conversas.

Eu aprendo muito com as pessoas. O que mais uso para aprender é ouvir e fazer perguntas. Para mim, independentemente da conversa, eu sempre demonstro interesse em aprender mais sobre a pessoa com quem estou conversando. E o que não cessa de me impressionar é que todo mundo tem muito a agregar. Basta fazer as perguntas certas.

Começar uma conversa pode ser tão simples quanto perguntar algo genérico. Por exemplo, se você estiver sentado ao lado de alguém desconhecido no ônibus, uma simples pergunta como "Nossa, esse prédio é um dos mais antigos da cidade, não é?" pode abrir espaço para novas perguntas. Cada pessoa tem o seu jeito de lidar com outras pessoas e temos que tomar cuidado para não sermos desagradáveis ao continuar uma conversa caso não haja abertura. Até as conversas simples demonstram até que ponto existe uma abertura do outro.

Para continuar conversas, basta ouvir com atenção o que está sendo falado. Qualquer assunto pode ser desenvolvido. Se você sabe muito sobre um assunto, faça perguntas que possam fazer as pessoas pensarem ainda mais sobre ele. Se você sabe pouco, faça perguntas para aprender mais. Muitas vezes ouvir ideias de pessoas que são novas em um mercado ou que trabalham com coisas completamente diferentes da sua área pode ser surpreendente.

Perguntas também são muito importantes como ferramenta de ensino. Em vez de dar uma resposta de mão beijada, uma pergunta é mais eficaz porque faz com que as pessoas cheguem às suas próprias respostas. E em vez de dar ordens, perguntas despertam uma vontade de realizar certas ações e de achar as próprias saídas. De forma mais geral, isso pode ajudar as pessoas a encontrarem seu propósito na vida, o que é absolutamente essencial.

Eu gosto de observar conversas e percebi que algumas das reuniões que eu tinha terminavam com uma pergunta em comum: "Como eu posso ajudar?" Acho essa pergunta linda. Se você não tiver mais nada a perguntar, pergunte isso.

Eu sempre gostei muito de falar. Sou extrovertida, brincalhona, por isso adoro contar piadas, histórias, dar feedback para as histórias dos outros, perguntar mais e mais. Dois anos atrás, conheci um empreendedor que me impressionou demais. Ele ouvia, ouvia, ouvia. Não falava uma palavra. Mas, pelo silêncio, ele se comunicava. Eu nunca tinha experimentado isso antes. É difícil descrever em palavras, mas com seus gestos, o semblante do seu rosto e a sua maneira de olhar, ele falava pelo silêncio. Quando ele finalmente usava palavras, parecia que elas eram um mero complemento a tudo que já estava subentendido quando ele não havia falado. Isso é algo que ainda estou tentando aprender a fazer, mas o que retirei dessa experiência é que é possível ouvir muito atentamente e ao mesmo tempo manter uma comunicação. Aprendi que mesmo sendo extrovertida e gostando de falar, eu posso ganhar muito ao ouvir e responder com certos gestos antes de realmente interromper a conversa para oferecer minha opinião. E também aprendi que é possível se comunicar mais quando se fala menos.

Seja educado e amigável

Pequenas coisas, como o tom de voz ou a expressão no rosto das pessoas, podem acabar influenciando todo o clima e até mesmo o desfecho das conversas.

Ao sermos amigáveis e ao demonstrarmos genuíno interesse em ouvir outras pessoas, acabamos criando um ambiente muito mais confiável e fazemos com que todos estejam mais abertos a explicar suas ideias e compartilhar seus pensamentos.

São pequenas grandes coisas que fazem toda a diferença. Quem nunca se sentou perto de alguém que não parava de balançar as pernas, completamente inquieto? Isso dá a impressão de que está impaciente, querendo ir embora, desinteressado em continuar o papo. Ou então, quem nunca teve que lidar com aquele amigo que está sempre no celular, um olho em você, outro no telefone enquanto está teclando para outra pessoa ou esperando alguma mensagem? Isso dá a impressão de que tem coisas mais importantes com as quais lidar e que preferiria não estar participando da conversa.

Levantar a voz, ou usar um tom de dúvida, pouco caso ou reprovação, também pode criar uma situação desconfortável na qual a outra pessoa se sente menor ou rebaixada. Eu já participei de conversas nas quais estava feliz da vida contando algo, e a outra pessoa demonstrou pouco caso. Isso foi como um balde de água gelada bem em cima da felicidade com que eu contava a novidade. De repente, senti que não tinha mais abertura para dividir aquela alegria. Pelo menos não com aquela pessoa.

Ser gentil e educado também é muito importante. Desejar um "bom-dia" e sempre usar expressões como "por favor" e "obrigada" é o básico, mas podemos ir muito além. Desde oferecer água a outra pessoa quando estivermos nos servindo, até ajudar a carregar malas, perguntar como está o dia da pessoa, tudo isso se transforma em mais abertura para que o papo flua.

Mas o maior segredo de todos para uma conversa aberta também é o mais simples: sorrir. Sorrir é milagroso. Sorrir demonstra interesse, confiança, paciência, serenidade. Um simples sorriso na hora certa pode transformar o dia de alguém.

O que mais admiro nas pessoas é a humildade. Admiro muito quem é educado com os outros, sem querer nada em troca. Admiro aqueles que passam pela rua e dão bom-dia até para quem não conhecem, que perguntam como está o dia da pessoa que se sentou ao seu lado no ônibus, que ajudam um desconhecido a atravessar a rua, que pegam um papel que outra pessoa deixou cair no chão.

Quem é educado e gentil cria ambientes agradáveis, conquista a confiança das pessoas muito mais facilmente e, acima de tudo, faz bem pra si mesmo ao alegrar o dia dos outros.

Uma amiga minha estava viajando de São Paulo para Santa Rita do Sapucaí. Um garoto se levantou de seu assento no ônibus e anunciou que sua mãe fazia chocolates, e que ele passaria de banco em banco dando umas amostras para que todos experimentassem. Todos saborearam o chocolate, recheado com coco. Mas o coco deixou a garganta de todo mundo meio seca, e a viagem era bem longa. Ele perguntou se alguém queria comprar mais chocolates. Ninguém queria, estavam todos mortos de sede. E então ele anunciou que também vendia garrafas de água.

Peça
desculpas

No dia a dia tomamos centenas de decisões e naturalmente nem todas estarão corretas. Quando algo dá errado, às vezes nossa mente criativa consegue criar desculpas para o ocorrido. Cuidado com esse falso sentimento de que algum fator externo causou o problema. Há muito valor em assumir os próprios erros e aprender com eles.

Havia muito trânsito e você acabou chegando atrasado a uma reunião? Não culpe o trânsito. Pense que, da próxima vez, você deverá sair mais cedo. Alguém veio puxar assunto contigo bem na hora em que você deveria entregar um trabalho, e acabou sendo grosso? Não culpe o estresse. Peça desculpas à pessoa e da próxima vez explique que não poderá conversar naquele momento.

Os exemplos anteriores podem parecer coisas simples, mas encontrar desculpas aqui e ali pode rapidamente se tornar um hábito que se espalha para muitas situações, até chegar ao ponto em que você sempre acha que está certo e que a culpa é de terceiros. Fuja disso, pois quem sai perdendo é você.

Outro tema quando o assunto é perdoar é o orgulho. Talvez até sejamos conscientes de que fizemos algo que machucou alguém, mas o orgulho nos impede de remediar a situação. A nossa vida é tão longa e linda, não vale a pena deixar um amigo ou colega para trás porque não conseguimos pedir desculpas por certos erros. Há mais nobreza em deixar de lado o orgulho e resgatar uma amizade, do que em achar que somos bons demais para isso.

Assumir os erros já é uma ótima ação, mas, quando possível, também trate de corrigi-los. Pense no que poderia fazer diferente da próxima vez, mas veja se ainda há como consertar o erro rapidamente. Por exemplo, suponhamos que você tinha que fazer uma projeção financeira, confundiu alguns números e acabou gerando um relatório equivocado. Além de assumir a responsabilidade pelo erro e pedir desculpas, quanto mais rápido você preparar o documento com as informações corretas, melhor.

No final, sempre haverá vezes em que erraremos ou causaremos desconforto, nem que seja sem querer. Observar como você reage a certas situações pode ser uma maneira muito eficaz de minimizar a chance de que erros similares ocorram no futuro.

Eu realmente não vejo erros como problemas. O que vejo como problema é a perpetuação de um erro depois que ele já foi identificado. Errar é humano. Errar e reconhecer o erro é algo nobre. Errar, reconhecer o erro e pensar em como é possível evitar que aconteça novamente é genial. Mas, quando sabemos o que fazer para evitar e ainda assim seguimos no mesmo erro é que temos um problema.

- Quando sair de um emprego, deixe tudo pronto para o seu sucessor.

- Se for mandar alguém embora, tente encontrar algumas outras opções de trabalho para a pessoa.

– Marque um bate-papo com alguém muito mais velho do que você.

– Marque um bate-papo com alguém muito mais novo do que você.

Evite julgar, ser preconceituoso e invejoso

A cada dia, temos 24 horas de vida que vamos decidir como aproveitar. Trabalhamos, estudamos, dormimos, nos divertimos, mas muitas vezes acabamos gastando parte do nosso valioso tempo nos preocupando com a vida alheia. Julgamentos, preconceitos e inveja infelizmente acabam consumindo parte do dia de muita gente.

Quando se trata desses sentimentos, todo mundo perde. Em primeiro lugar, cada um tem sua vida, seu passado, suas dificuldades e suas razões para viver da maneira que vive. Claro, isso não é uma justificativa para se fazer o que bem entender, mas contanto que a pessoa não esteja influenciando negativamente a vida das outras que estão ao seu redor, evite julgá-la. Ela pode estar passando pelo momento mais difícil da vida. Criticar é fácil. Qualquer um consegue achar motivo para fazer críticas. Mas quem sabe lidar mesmo com pessoas, procura entender a situação, se colocar no lugar do outro e ajudá-lo se possível. Isso poucos conseguem fazer.

Historicamente, existiram grupos de pessoas que se opuseram à liberdade de outros grupos, seja por eles serem de outra raça, outro gênero ou outra classe social. A liberdade é um dos maiores bens do ser humano e deveria ser um bem universal. Podemos até não concordar com certas formas de pensar, mas ganhamos muito ao darmos a chance de nos explicarem um novo ponto de vista. Ao escutar de coração aberto e genuinamente tentar entender o lado da outra pessoa.

Além do preconceito, um outro sentimento muito perigoso é a inveja. Conheço pessoas que sempre que veem alguém vencer, assumem que há algo ilegal ou errado por trás do sucesso. Isso acaba sendo uma arma contra o próprio invejoso, pois ele acaba se convencendo de que sucesso não é atingível, e em vez de trabalhar pesado naquilo que ama, simplesmente aceita que nunca irá vencer. Ele é infeliz com o passado e deixa de viver o presente e o futuro porque não acredita que tenha o poder de mudar.

Há muita gente que venceu pelos próprios méritos e que podem ser ótimos professores. Se a inveja for substituída por admiração, é possível rapidamente absorver lições que ajudarão o admirador a obter sucesso no futuro.

Decidir como aproveitar as 24 horas que temos no dia já é um desafio grande. Não vale a pena reduzir ainda mais o nosso dia perdendo tempo julgando vidas alheias. Há muita vida para se viver.

Eu já tive conhecidos que entraram em depressão por causa de desaprovação. O maior problema - e a pena - é que muitas vezes essa desaprovação era sem fundamento e vinha de pessoas que não tinham a menor relação, mas mesmo assim acabavam influenciando negativamente a vida da pessoa desaprovada. Algumas vezes por coisas extremamente superficiais como julgar a aparência ou condição social. Não desaprove as pessoas por razões sem importância, a vida é muito rica para magoar alguém dessa maneira. A diversidade deve ser bem recebida.

Recomende uma música para alguém que goste de um certo artista.

Recomende um livro para alguém que goste de certo assunto.

- Pergunte às pessoas com quem você se encontra: qual o seu maior desafio agora?
- Pergunte às pessoas com quem você se encontra: como eu poderia ajudar?

A MAGIA DO PRIMEIRO PASSO

Às vezes parece que temos uma quantidade impossível de coisas a fazer. Muita gente acorda e vê a caixa de e-mails lotada, com centenas e centenas de mensagens a serem respondidas.

Outras vezes, queremos fazer coisas que exigem um aprendizado muito além do que sabemos no momento. Por exemplo, muita gente sente isso quando quer aprender a tocar um instrumento musical.

Essa sensação de ter muitas coisas a fazer ou ter urgência em aprender algo novo pode nos desesperar. Mas há um segredo que torna tudo mais fácil: dar um primeiro passo, e, depois, continuar dando outros passos.

No caso dos e-mails, tudo começa com o primeiro passo de responder um deles. Priorize, e comece a responder por ordem de importância. Responda o primeiro, depois o segundo até chegar ao terceiro e assim por diante. Quando você perceber, em vez de gastar o tempo com a preocupação de não ter tempo, você estará pouco a pouco completando tarefas.

Se você sonha em aprender a tocar piano, nada é mais importante do que o primeiro passo. Encontre um amigo que tenha um teclado, compre um livrinho básico ou veja vídeos simples na internet. Parece uma atitude minúscula diante do que você quer alcançar, mas é aos poucos que se forma uma grande prática e conhecimento.

Todo desafio tem um começo. Ficar bloqueado só atrasa esse começo. Dê logo o primeiro passo.

DANDO CHANCE AO ACASO

Na minha vida várias oportunidades surgiram simplesmente porque eu dei chance ao acaso. Por mais ocupado que você esteja, procure sempre conhecer aquela pessoa que está ao seu lado, porque ela pode mudar a sua vida.

Eu passei um tempo em Buenos Aires trabalhando com a equipe de engenheiros da Lemon. A meta era clara: tínhamos um lançamento a fazer e o trabalho de cada dia era crucial. Eu estava muito ocupada e podia ter decidido ficar 24 horas no escritório, coisa que realmente fiz alguns dias.

Mas o acaso me levou a algo que merecia meu tempo também. Fiquei hospedada na casa da irmã de um amigo. Eu sequer a conhecia antes de chegar a Buenos Aires, mas logo que desembarquei pude ter mais contato com ela e conheci seus filhos, duas crianças supersimpáticas.

Quis, então, dar chance ao acaso, e um dia resolvi chegar mais cedo e conversar com os pequenos. E me apaixonei. Eu me divertia muito e aprendia muito quando eles me contavam como foi o dia, me ensinavam espanhol e me mostravam o que era importante para eles.

Esse tempo que eu passava com eles, acabou me trazendo uma alegria gigante e, sem dúvida, foi um tempo que não fez falta para o meu projeto. Pelo contrário, me energizou para trabalhar com mais eficácia ainda.

Se eu não tivesse parado um pouquinho para conhecê-las, teria deixado para trás uma oportunidade maravilhosa de ter contato com duas crianças que vão morar para sempre no meu coração.

Escute e observe com muita atenção e interesse

Como gastamos grande parte das nossas vidas conversando, uma das habilidades mais importantes é saber ouvir. Não apenas escutar o que a outra pessoa está falando, mas demonstrar muito interesse, observando com extrema atenção cada um dos tópicos discutidos. A partir daí, podem nascer ideias, amizades, negócios, novas maneiras de pensar e, quase sempre, uma oportunidade de entender melhor as pessoas e o mundo. E, de quebra, você ainda acaba conhecendo melhor a si mesmo.

Para aprender o máximo possível, eu tenho o hábito de levar comigo um caderninho para cada conversa que tenho. Esse caderninho serve para vários propósitos. Gosto de usá-lo para anotar aquelas coisas que são interessantes para mim e que não quero esquecer, mas também para anotar coisas importantes para as outras pessoas envolvidas na conversa.

Durante toda minha vida, eu sempre acreditei no ciclo da gentileza: quanto mais você ajuda, mais é ajudado. Gosto de escutar o que os outros estão dizendo já pensando em como posso ajudar. Por exemplo, se meu amigo está me contando que adoraria trabalhar em certa empresa, eu procuro apresentá-lo a alguém que conheça bem essa empresa e possa ajudá-lo a conseguir uma vaga. Se uma amiga está me contando de algum serviço ou produto que está criando, eu me ofereço para testar a primeira versão. Se um conhecido está me contando de uma viagem que irá fazer, eu procuro encontrar dicas para essa viagem. E por aí vai: sempre há uma maneira de ajudar as pessoas. Pode até parecer algo pequeno, mas, no final, pode ser uma ajuda gigantesca para o outro, que será sempre grato. Faz bem ajudar os outros a crescerem sem querer nada em troca além de um "obrigado" ou um sorriso.

Ouvir pode fazer você entender como ajudar alguém. Mas não para por aí. Ouvir pode também ser uma maneira deliciosa de conhecer melhor a si mesmo. Preste atenção em como você se sente e em quais pensamentos passam pela sua cabeça quando está ouvindo certas ideias. Se você observar com atenção, rapidamente entenderá o que te anima, o que você teme, sobre quais assuntos gostaria de aprender mais, e inclusive novos pontos de vista com os quais concorda.

Até mesmo a conversa mais informal pode ser recheada de conhecimentos e oportunidades. Você gosta de dar aulas e seu amigo está mencionando que quer começar um curso sobre design? Talvez vocês possam criar esse curso juntos. Sua esposa está grávida e seu amigo acabou de ter um filho? As dicas dos desesperos e alegrias dos primeiros meses de vida do bebê podem ser muito valiosas. Sua amiga ama ler e está contando quais as suas leituras favoritas do ano? Por que não perguntar mais sobre as leituras e aproveitar para aprender também? Algum livro pode acabar sendo altamente relevante para a sua vida. O aprendizado realmente está por todos os lados.

Eu gosto de prestar atenção não só ao conteúdo do que a pessoa fala, mas também na maneira como ela fala, no jeito como se posiciona diante das coisas. Há pessoas que conseguem demonstrar muita credibilidade, mas ainda assim são muito humildes. Há pessoas que conseguem criticar de uma maneira amigável. Há pessoas que conseguem entusiasmar a todos com suas ideias. Há pessoas que contam piadas muito bem. Eu acho fascinante observar a maneira como cada uma delas se comunica.

Finalmente, observar atentamente oferece uma vantagem gigante: entender como as pessoas pensam, como elas se comportam, como elas decidem, o que elas desejam. Claro que cada um é um caso, e não dá para entender de maneira particular todas as pessoas, mas a observação como um todo ajuda você a colecionar mais e mais informações sobre as necessidades do mundo.

Com isso em mente, toda conversa pode ser uma aula.

Alguns anos atrás, eu estava conversando com dois amigos sobre um conhecido, o João, uma pessoa que eu admirava. O João era muito bom em vendas, e esses dois amigos estavam começando a trabalhar neste ramo. Um dos amigos é aquele tipo de pessoa que acha que sempre tem algum segredo nem tão meritório por trás do sucesso, e logo apontou que João deveria ter alguma maneira de conseguir as coisas facilmente, talvez seu pai fosse influente ou talvez ele tivesse começado com muito dinheiro, ou alguma outra história que tentasse diminuir o mérito dele. O outro amigo, por outro lado, achou muito legal o sucesso de João e se interessou em conhecê-lo para bater um papo e, quem sabe, aprender com ele. O que acabou acontecendo? Do café, começou uma sinergia bem legal, e João acabou "adotando" meu amigo e mostrando todas as dicas para que ele se tornasse um ótimo vendedor também.

NÃO SE TRAVE POR PEQUENAS COISAS

Sempre vai haver coisas na sua vida que te preocupam e te travam. Essas preocupações podem durar cinco minutos, quinze minutos, uma hora ou um dia todo. Algumas preocupações são válidas. Mas, às vezes, elas podem ser irrelevantes, enquanto seus sonhos são muito relevantes.

No dia a dia, a cada momento decidimos onde vamos colocar o nosso tempo: seja desenvolvendo projetos, seja com a família, seja com os amigos queridos. Não deixe que coisas que não são importantes acabem com o seu dia. Essas quatro ou cinco horas que você está parado preocupado podem ser usadas para realizar os seus sonhos!

Por isso, quando não estiver claro se alguma coisa merece sua completa preocupação, lembre-se de quanto você quer determinadas coisas e de quanto os seus sonhos são importantes. Tente minimizar o quanto você se trava e foque no que você gostaria de fazer. E, principalmente, não se ocupe de coisas irrelevantes quando seus sonhos podem ser tão grandes.

COMUNICAÇÃO CLARA

Algo que amo fazer no dia a dia é conversar com pessoas muito mais velhas e com muito mais jovens. No curso de Habilidades da FazINOVA, sugiro que todos os alunos também tenham essas conversas. Uma das minhas alunas é avó e trouxe uma história bem interessante para a aula.

Depois de ver que seus netos escreviam em tudo que era lugar, ela ensinou a eles que precisavam usar apenas o papel como suporte. Eles aprenderam a mensagem e, algum tempo depois, a mãe deles resolveu colocar papel de parede em toda a sala. As crianças perguntaram o que era a novidade e tanto a avó quanto a mãe explicaram que era um novo papel de parede.

No dia seguinte, quando elas acordaram, viram o papel da sala todo desenhado. Logo, as duas foram falar com as crianças, perguntando porque haviam desenhado nas paredes. Elas, com a maior tranquilidade, responderam: Mas, vó, você não disse que podíamos desenhar em papel? Isso não é papel de parede?

Veja só: para os dois lados parecia que a comunicação estava clara. Para as crianças, papel de parede era papel, então podia ser desenhado. Para a avó e a mãe, papel de parede não era papel, então os desenhos estavam proibidos. Vale a pena nos certificar, a cada vez que falamos, de que a comunicação ficou clara. Perguntas ou exemplos depois de uma conversa podem ajudar muito com isso.

Faça mais brincadeiras de criança

Eu fui uma criança cheia de ideias. Criava bijuterias, escrevia roteiros de jogos de video games, desenhava máquinas que pudessem arremessar pipocas na minha boca. Por mais que eu fizesse esses projetos com muita animação, muitas pessoas viam estas ideias como brincadeiras de criança.

Fui crescendo e comecei a trabalhar. Fiz um estágio aqui, outro ali. Trabalhei em empresas menores e em empresas maiores. Sempre curiosa, comecei a observar como eram esses projetos "do mundo real". Quais as diferenças que eles tinham quando comparados com os meus sonhos de criança. E reparei que eles tinham mais semelhanças do que diferenças. Mais do que isso, reparei que esses projetos podiam se beneficiar da visão mais leve que existe quando pensamos que estamos apenas aprendendo.

Brincadeiras de crianças são lindas. E tem algo que faz com que elas sejam ainda mais especiais: quando se acha que é uma brincadeira, não existe tanta hesitação para o primeiro passo, não podemos travar por preocupações com os resultados desde o primeiro dia, não existe aquele medo em pensar que o projeto possa ser impossível. E, exatamente por essas razões, os resultados podem ser surpreendentes.

Uma dessas brincadeiras de criança para mim foi criar um canal no YouTube contando um pouco do que aprendo a cada dia, o "Caderninho da Bel". Comecei o projeto em agosto de 2012, em um belo dia que tinha algumas horas livres. Na minha cabeça, era tudo um teste, queria ver se eu me divertia gravando vídeos, queria ver se as pessoas gostavam do conteúdo que eu estava criando. Liguei a webcam do computador e comecei a gravar. Nada de ensaios, nada de muito elaborado para começar. A leveza de ser um projeto que era uma diversão, aliada à facilidade que temos em iniciar certos projetos hoje em dia, fez com que eu o lançasse em poucas horas.

Continuei gravando vídeos, algumas semanas às vezes um a cada dia, e o canal já conta com mais de 50 vídeos. Se eu me preocupasse muito em começar de maneira perfeita, talvez eu nunca tivesse começado. Mas, para mim o mais importante era alcançar pessoas e tocá-las positivamente com o conteúdo dos vídeos. Essa era a métrica de sucesso para mim. Os vídeos já contam com centenas de milhares de visualizações. Brincadeiras de criança também podem causar impacto.

Da mesma maneira, o meu primeiro livro, *A Menina do Vale*, era algo que eu via com essa mesma leveza de ser um teste, de ser algo que eu queria fazer independentemente dos retornos financeiros. Não queria demorar anos e anos para produzir o livro: o que eu queria era levar alguns aprendizados que foram tão importantes para mim à vida de outras pessoas. Optei por escrever uma primeira versão, de maneira simples e lançá-la rapidamente ao mundo, gratuitamente on-line. Além de alcançar muita gente, essa brincadeira de criança acabou me mostrando muita coisa.

Aprendi que as pessoas estavam interessadas naqueles ensinamentos. E que eles, por sua vez, estavam muito alinhados com outro projeto que eu tinha na minha infância: a escola dos meus sonhos. Desde pequena, brincava de criar aulas das quais amaria participar, de criar exercícios que me ensinassem grandes habilidades para a vida. Fazer o livro me mostrou que era hora de tirar do papel todos aqueles sonhos que tive quando era mais jovem. Ou seja, uma brincadeira de criança me levou a decidir o meu projeto atual.

Outro grande benefício de ver projetos com a leveza da infância é que, quando estamos apenas aprendendo, apenas "brincando", temos mais coragem de sair da nossa zona de conforto e menos receio de experimentar coisas novas. E, nessa exploração, podemos encontrar a resposta para o que realmente queremos fazer das nossas vidas.

O mundo é movido por pessoas, por vontades, por ideias executadas, por decisões. E, às vezes, levar um projeto com a leveza, mas também com a paixão, daquilo que sonhávamos fazer quando éramos mais jovens pode ser essencial para o sucesso dele. Comece a fazer mais brincadeiras de criança. Elas podem acabar virando coisa muito séria.

Veja as coisas pelo lado positivo

O maior segredo para encarar a vida com leveza é ver as coisas pelo lado positivo. A vida é cheia de obstáculos. Algumas pessoas veem isso como uma adversidade. Outras, como uma grande oportunidade. A verdade é que o gostinho de conseguir atravessar obstáculos é maravilhoso. E, quanto mais nos exercitamos para ultrapassar cada um deles, mais fácil fica encarar os próximos.

Certas situações serão mais complicadas, afinal algumas derrotas fazem parte da vida. Mas, realmente tudo tem um lado bom, basta procurar. Qualquer perda pode ser uma porta para uma nova aventura. Não deixe que derrota alguma tire você do seu rumo. Gastar o tempo se lamentando ou reclamando só atrapalhará a situação. Pior ainda, se fazer de vítima e tentar culpar o mundo por coisas que não deram certo só fará com que cada vez mais você tenha menos controle sobre seu destino.

Em geral, as pessoas ficam defensivas quando alguém as critica. Mas críticas podem ser essenciais para melhorarmos como pessoas. Ouvir sem preconceitos o que alguém tem a dizer sobre o seu trabalho ou sobre suas ações pode te mostrar um lado que você desconhecia. E, se realmente a crítica não se aplicar à situação, você pode descartá-la, mas de maneira respeitosa e paciente.

É muito interessante observar como pessoas submetidas a circunstâncias bem similares podem reagir de formas completamente diferentes. Eu tenho alguns amigos que estão sempre de bem com a vida e outros que estão sempre de mal com a vida. O interessante é que muitas vezes eles estão passando pelas mesmas coisas - a única diferença é a maneira de encarar a vida.

Por exemplo, tenho um amigo que passou por sérias necessidades financeiras e viu isso como uma oportunidade para trabalhar duro, como um desafio para conseguir se levantar e dar a volta por cima. Também tenho um amigo que passou pelo mesmo problema, mas se colocou na situação de vítima: "porque eu"? Assumiu que era vítima e que não tinha nada a fazer. Fechou a cara e simplesmente aceitou que o mundo não queria o bem dele.

O que aconteceu no final? O primeiro amigo aprendeu a se virar sozinho. Penou, mas, pouco a pouco, começou a perceber que suas ações influenciavam diretamente os seus resultados. Cresceu confiante, criou uma bela carreira e seu otimismo o levou a conseguir conquistar cada vez mais coisas. A segunda pessoa até hoje acha que é vítima e infelizmente nunca mudou de opinião.

Temos um tempo limitado nesse mundo. Toda experiência pela qual passamos é única em nossa vida. E o que fazemos dessa experiência é o que define quem somos.

O ciclo do "não acredito" começa assim. Você corre atrás de algo, mas a coisa não dá certo. Da próxima vez que você corre atrás de outra coisa, você não consegue tirar da cabeça a situação que deu errado. E daí dá errado de novo, especialmente porque você estava desacreditando que daria certo. Aprender a conviver com os erros (que sempre acontecerão) e estar tranquilo sabendo que você fez o seu melhor é essencial para que o passado não influencie negativamente o presente nem o futuro e que você consiga seguir em frente e quebrar esse ciclo.

Nos vemos em breve

Este livro foi impresso
para a Leya
em abril de 2013.